LES

TURCS

OPÉRA-BOUFFE EN TROIS ACTES

PAR

H. CRÉMIEUX ET AD. JAIME

MUSIQUE D'HERVÉ

PARIS
MICHEL LÉVY FRÈRES, ÉDITEURS
VIVIENNE, 2 BIS, ET BOULEVARD DES ITALIENS, 15
A LA LIBRAIRIE NOUVELLE
—
MDCCCLXX

LES TURCS

OPÉRA-BOUFFE

Représenté pour la première fois, à Paris, sur le théâtre des
FOLIES-DRAMATIQUES, le 23 décembre 1869

Clichy. — Imp. M. Loignon, P. Dupont et Cie., rue du Bac-d'Asnières, 12

LES TURCS

OPÉRA-BOUFFE EN TROIS ACTES

PAROLES DE

HECTOR CRÉMIEUX ET ADOLPHE JAIME

MUSIQUE DE

HERVÉ

PARIS

MICHEL LÉVY FRÈRES, ÉDITEURS

RUE VIVIENNE, 2 BIS, ET BOULEVARD DES ITALIENS, 15,

A LA LIBRAIRIE NOUVELLE

—

1870

PERSONNAGES

AMURAT IV, Padischah de Stamboul..........	MM.	VAVASSEUR.
BAJAZET, son frère..........................		MARCEL.
ABABOUM, son savant.........................		MILHER.
ACOMAT, muphti..............................		JEAULT.
YAYA, fils d'Ababoum........................		CHAUDESAIGUES.
BOSPHORE, général en chef (bègue).........		BERRET.
NEMROD, officier de janissaires..............		ARTHUR.
NINIAS, id.		DERIEUX.
NADUR, id.		ALFRED.
PORUS, id.		BLANQUIN.
ROXANE, sultane favorite....................	Mmes	DEVERIA.
ATALIDE, nièce d'Amurat.....................		PERRET.
SÉLIKA, femme du harem......................		LATOUR.
ZOBÉIDE, id.		SCHNEIDER.
NANA, id.		BERGER.
ZAIRE, id.		NOÉMIE.
AZA, id.		B. BURY.
BENGALINE, id.		SCHNEIDER.
MORGIANE, id.		HENRIETTE.
AMINIE, id.		MARIE.
KORA, id.		JENNY.
SARAH, id.		DEPRESLE.
GULNARE, id.		JULIETTE.
DINARZADE, id.		DORIGNY.
FATIME, id.		GABRIELLE.
LA TUBÉREUSE................................		
LA NORMANDE.................................		
LA PICARDE...................................		
LA VIOLETTE..................................		

MUETS, BATELIERS, SOLDATS, COURTISANS, PEUPLE.
EUNUQUES, GARDES, NUCHÉENS, ESCLAVES

Pour la musique et pour la mise en scène détaillée par M. H. LEFEBVRE, régisseur général du théâtre des FOLIES-DRAMATIQUES, s'adresser au MÉNESTREL, rue Vivienne, 2 bis, Paris.

LES TURCS

ACTE PREMIER

La grande salle de réception d'Amurat IV. — Le petit lever du padischah.

SCÈNE PREMIÈRE

ACOMAT, SOLLICITEURS, GÉNÉRAUX, ATALIDE, YAYA.

CHŒUR DES SOLLICITEURS,

Attendant le lever du sultan.

Salut, grande lumière,
Phare de l'Orient !
De toi chacun espère
Un regard souriant.
Entre tes mains puissantes
Sont nos têtes tremblantes,
Et de ta bonne humeur
Dépend notre bonheur !
Salamalek hurrah !
Pour le grand Amurat

ACOMAT, devant la porte du sultan.

Assez ! que l'on s'en aille.
Allez chanter plus loin.
Le padischah travaille
Et ne recevra point.

PREMIER SOLLICITEUR.

Sait-on à quel travail Sa Hautesse se livre ?

On voit des esclaves traverser le théâtre en ployant sous le faix d'énormes in-folios, et entrer chez le sultan.

ACOMAT.

Il fait à tout moment chercher un nouveau livre,
Je pense que ce sont les traités les mieux faits
Sur l'art de gouverner et d'aimer ses sujets !

Chacun s'approche et lit le titre de l'un des livres que portent les esclaves. — Entrent Atalide et Yaya.

ACOMAT.

A merveille !
L'œil crevé !

DEUXIÈME SOLLICITEUR.

Chilpéric !

TROISIÈME SOLLICITEUR.

Corneille !

PREMIER SOLLICITEUR.

Molière !

DEUXIÈME SOLLICITEUR.

D'Ennery !

TROISIÈME SOLLICITEUR.

Proverbes de Leclerq !

TOUS.

Il travaille au bonheur de son peuple, c'est clair !

ATALIDE.

Yaya !

YAYA.

Atalide !

DUETTO.

I.

ATALIDE.

Ah ! si l'on veut forcer nos cœurs,
Il surviendra quelques malheurs.
Mon cher oncle n'est qu'un tyran,
Nous saurons braver le sultan !

D'un amour tendre et candide
Yaya chérit Atalide,
Atalide aime Yaya
Au moins autant que cela !

YAYA.

Ah ! Atalide !

ATALIDE.

Ah ! Yaya !

YAYA.

Atalide !

ATALIDE.

Oh ! Yaya !..

Ensemble en se rapprochant.

Nous serions si bien comme ça !..

ACOMAT.

Allons, que tout le monde sorte !
Si d'Amurat le ciel bénit les vœux,
Bientôt la Porte
N'aura que des sujets heureux !

REPRISE DU CHŒUR.

Salut, grande lumière,
Phare d'Orient !
De toi chacun espère
Un regard souriant.
Entre tes mains puissantes
Sont nos têtes tremblantes,
Et de ta bonne humeur
Dépend notre bonheur !
Salamalek ! hurrah !
Pour le grand Amurat !

Tout le monde sort.

SCÈNE II

YAYA, ATALIDE.

YAYA.

Enfin, belle Atalide, que vous a répondu le sultan ?

ATALIDE.

Il a dit : Je ne veux pas donner ma nièce au premier venu.

YAYA.

Et cela s'intitule un padischah généreux ; lui, allons donc, s'il était vraiment généreux, est-ce qu'il refuserait sa nièce au premier venu.

ATALIDE.

D'abord vous n'êtes pas le premier venu.

YAYA.

Oh non ! oh si !

ATALIDE.

Oh non !

YAYA.

Oh si !.. dans votre cœur. (Il rit.) C'est un petit jeu de mots.

ATALIDE.

Vous êtes le fils du célèbre Ababoum ! son savant, son astrologue, son factotum !

YAYA.

Dites que mon père est l'homme le plus extraordinaire qu'on ait jamais vu.

ATALIDE.

On prétend qu'il sait tout.

YAYA.

Sans avoir jamais rien appris... et qui a une constitution comme le padischah n'en donnera jamais une à son peuple... l'ingrat !.. il sait bien l'appeler dans les cas graves... Dernièrement encore, votre oncle, le padischah, avait une grosse dent qui le faisait souffrir... le sérail pleurait, le peuple consterné se rendait en pèlerinage à toutes les mosquées pour prier Mahomet de prendre cette dent en considération ; Mahomet était sorti... mon noble père est entré !

Ababoum paraît sur la dernière phrase.

SCÈNE III

LES MÊMES, ABABOUM.

ABABOUM.

Ce que dit mon fils est vrai !

YAYA.

Papa !..

ATALIDE.

Ababoum !

ABABOUM.

Je suis entré... j'ai regardé dans son auguste palais... j'ai pris la chose malade... j'ai fait comme ça. (Il fait le geste d'ôter la dent.) Il a fait : ah !... il était sauvé.

YAYA.

Et voilà la reconnaissance qu'il vous en a !.. Il a refusé à sa nièce la main de votre fils...

ABABOUM.

Les grands sont parfois oublieux !

ATALIDE.

Oui, mais je l'aime, et si mon oncle n'est pas content... des bananes !

ABABOUM.

Des bananes ! princesse, permettez-moi de vous dire que pour une descendante des Osmanlis, vous manquez de réserve... des bananes... il me semble que des dattes auraient suffi. Enfin, qu'a répondu la grande lumière que le ciel vous a donné pour oncle.

ATALIDE.

Il m'a dit : Mais ton Yaya n'a pas de position. — Hé bien ! mon oncle, faites-lui en une. — J'y pense, a-t-il ajouté, dis-lui que s'il persiste, j'ai une position à son service.

YAYA.

Laquelle ? vous ne m'avez pas dit cela.

ATALIDE.

Celle de gardien du sérail !

ABABOUM.

Un gardien du sérail ! mon fils unique !..

ATALIDE.

Oui, c'est tout ce que mon oncle a pu m'accorder.

YAYA.

Mais, papa, au fait ! est-ce que ce ne serait pas une idée... ça... si j'acceptais ?..

ABABOUM.

Mais, petit malheureux, tu ne sais donc pas ce que c'est qu'un gardien du sérail ?

YAYA.

Mais... c'est un homme qui va... vient à la cour... bien vu... bien reçu... qui a ses entrées partout.

ABABOUM.

Eh !.. on croit cela...

I.

Près de la chèvre bondissante
As-tu vu parfois, mon enfant,
Le bouc, à la barbe galante,
Folâtrer d'un air triomphant ?

YAYA.

Oui, papa,
J'ai vu ça.

ATALIDE, *répétant.*

J'ai vu ça.

ABABOUM.

As-tu vu parmi les génisses
Le taureau noir, au fier poitrail.
Se promener dans ses caprices
Comme un sultan dans le sérail ?

YAYA.

Oui, papa,
J'ai vu ça !

ATALIDE.

J'ai vu ça !

ABABOUM.

Eh bien ! Yaya !
Un gardien du sérail, ça n'est pas du tout ça !

ENSEMBLE.

Un gardien du sérail, ça n'est pas du tout ça.

ABABOUM.

Comprends-tu ?

YAYA.

Je comprends que la position qu'on m'offre ne vous convient pas. Par Mahomet !... qu'est-ce qu'il a cet oiseau-là pour mécontenter tout le monde?

ABABOUM.

Oiseau !... Il appelle Amurat IV un oiseau !... Mais tu ne sais donc pas... que de tous les tyrans... c'est le plus cruel, le plus vindicatif, tu ne sais donc pas que tous les matins à son déjeuner on lui apporte la carte de ceux qui ont murmuré, qu'il fait un signe de tête... et qu'on noie les femmes dans un sac... qu'on coupe le cou aux manants, et qu'on envoie le cordon aux gens distingués.

YAYA.

Bah ! Mais Atalide est de la famille, il n'y a pas de danger.

ABABOUM.

Sa famille !... Ah! bien... bon !... sa famille... il l'arrange bien, sa famille... figure-toi... non, rien que d'y songer j'en ai la chair de poule...

ATALIDE.

Quelqu'un!

ABABOUM.

De la tenue... c'est Roxane... la sultane favorite...

ATALIDE.

Qu'elle a l'air triste !

YAYA.

C'est bien sûr encore de la faute de ce chinois-là !...

ABABOUM.

Veux-tu te taire !... Je n'en ferai jamais un diplomate.

SCÈNE IV

LES MÊMES, ROXANE, suivie de ses femmes, précédée de GARDES, D'EUNUQUES, JOUEURS D'INSTRUMENTS.

CHOEUR.

Place ! place !
A la favorite qui passe !
Celle que nous accompagnons
De nos cris et de nos chansons,
C'est la belle Roxane,
La sublime sultane,
Que le ciel fit pour le bonheur
De notre tout-puissant seigneur.
Place ! place !
A la favorite qui passe !

ABABOUM.

Qu'avez-vous, princesse ?

ROXANE.

Laissez-moi donc tranquille !... Ce que j'ai !... demandez-moi ce que je n'ai pas...

I

A mon plus léger caprice,
Au moindre coup d'éventail,
Qu'importe qu'on m'obéisse,
Qu'on tremble dans le sérail!
Du crépuscule à l'aurore,
Je me sens tout en émoi...
Un feu brûlant me dévore,
J'aspire et ne sais à quoi.
Ah!
Si je suis la favorite
Je demande, mes seigneurs,
Quelle existence maudite
Peuvent bien mener mes sœurs!

TOUT LE CHŒUR.

C'est bien! c'est bien.

ROXANE.

Ne chantez donc pas ça, c'est banal. C'est bien! c'est bien! est-ce assez vulgaire.

II

Chaque fois que je répète
Ma doléance au sultan,
Le sultan m'offre une tête,
Qu'il ne m'en offre pas tant!
Qu'il ait près de sa sultane
Un peu moins de gravité!
Qu'il comprenne que Roxane
Meurt d'amour à son côté!
Ah!
Si je suis la favorite,
Je demande, mes seigneurs,
Quelle existence maudite
Peuvent bien mener mes sœurs!

CHŒUR.

C'est bien! c'est bien.

ACOMAT, lisant à haute voix.

« Firman du Padischah! » (Tout le monde s'incline.) « Par ordre de Sa Hautesse le Sultan, Amurat IV, padischah de

Stamboul, à tous faisons savoir : Les sérails qui ont été abolis la semaine dernière, sont permis de nouveau.

TOUS, *joyeux.*

Ah!...

ROXANE.

Hein? Voici ce que j'en fais de votre firman.

Elle le déchire.

TOUS.

Oh!...

ROXANE.

J'avais, par un détour adroit, fait supprimer le sérail... je me disais : quand je serai seule, il faudra bien qu'Amurat fasse attention à moi... et voilà que... Je veux voir Amurat.

ABABOUM.

Impossible... il travaille.

ROXANE.

A quoi?

YAYA.

C'est un secret.

ATALIDE.

Il s'agit du bonheur de son peuple.

ROXANE.

Il ferait mieux de songer au mien... Si encore j'avais une compensation... mais rien... absolument rien... Regardez-moi toutes ces têtes!... sont-ils laids... non! mais sont-ils laids!... pas une figure!.. pas un homme!.. Oh! tenez... tenez, messieurs? Je ne sais pas si vous êtes de mon avis... mais Amurat... notre seigneur... notre maître... n'est qu'un prince fainéant.

ABABOUM.

Si nous sommes de votre avis, sultane...

TOUS.

Oh! oui!...

UN ESCLAVE, *annonçant.*

Sa Hautesse le Padischah.

TOUS.

Amurat!

Chacun se couche à plat-ventre.

SCÈNE V

LES MÊMES, AMURAT, sur une marche à l'orchestre.

AMURAT.

C'est moi, Amurat IV, Padischah de Stamboul... Il y en a qui prononcent Byzance, d'autres Constantinople, moi je dis Stamboul.

ABABOUM.

Oui, grand phare, nous étions là rassemblés et nous chantions vos louanges.

TOUS.

Oh ! oui...

AMURAT.

Pourrait-on faire autrement?

TOUS.

Oh ! non !...

ROXANE, s'avançant.

Excepté moi, monsieur.

AMURAT.

Roxane ! toujours en colère, celle-là ! qu'est-ce qu'elle me veut encore, voyons, veux-tu une tête ? deux têtes ?.. trois têtes ?

ROXANE.

Il s'agit bien de cela !.. Alors, vous rétablissez le sérail ?..

AMURAT.

Oui, voilà sept fois que je l'abolis et sept fois que je le rétablis... ça dépend des dispositions d'esprit où je me trouve.

ROXANE.

Pourriez-vous me dire ce que vous comptez en faire ?

AMURAT.

Oh ! oh !.. les femmes sont d'une jalousie... on ne peut pas être jeune et beau... fort et brave... sans qu'immédiatement...

ABABOUM.

A qui le dites-vous !

AMURAT, à Roxane.

Allons, Roxane... tu sais bien que je n'aime que toi ..

ROXANE.

Cela me sert à grand'chose !..

AMURAT.

Pourquoi avais-tu exigé l'abolition du sérail ?

ROXANE.

Pourquoi? monsieur, parce que c'est une honte, un scandale... une calamité. Regardez autour de vous, prince... tous des efféminés, des soubrevestes en cœur... il est temps, grande lumière, de reconstituer cette race qui vous valut jadis ce titre de gloire : Il est fort comme un Turc...

AMURAT.

Oui, je sais bien... mais qu'est-ce que tu veux que je fasse de mes employés.

ABABOUM.

Et puis la jeune Turquie est là qui se remue.

AMURAT.

Bref! je suis décidé à donner la liberté à mon peuple.

ABABOUM.

La liberté!.. et pourquoi?

AMURAT.

Je ne sais pas : il la demande... rentre dans tes appartements, Roxane, rentre, et tu y trouveras des distractions.

ROXANE.

Des distractions?

AMURAT.

Le fruit de mon travail... tu verras... des costumes splendides... et je crois que nous allons nous amuser!

ROXANE.

Mais, padischah de carton...

AMURAT.

Ah! devant le monde... pas de bêtises! je ne les aime pas, je suis le maître... je te dis que je suis le maître... allez! et soyez tous prêts à suivre mes ordres!.. (A Ababoum.) Reste ici!... j'ai besoin de causer avec toi.

Reprise de la marche. Tous sortent excepté Amurat et Ababoum.

SCÈNE VI

AMURAT, ABABOUM,

ABABOUM.

Que veut de moi le bras droit de Mahomet?

AMURAT.

Ah! voyons, voyons... pas de flatteries entre nous, quand

nous sommes seuls, appelle-moi simplement Prince Epatant.

ABABOUM.

Prince Épatant !

AMURAT.

As-tu trouvé?..

ABABOUM.

Oui...

AMURAT.

Voyons... narre-moi la chose !.. faisons divan ! Garçon (On leur apporte des coussins. Ils s'asseyent.) des sorbets.

ABABOUM.

Désireux de créer une récompense pour vos armées de terre et de mer...

AMURAT.

Tiens !.. en parlant d'armée... tu sais que nous partons pour Babylone à cinq heures cinq.

ABABOUM.

Moi aussi?

AMURAT.

Non, pas toi... moi, mes généraux, mes janissaires... il paraît que le siége va mal là-bas, on me mande du camp que si je ne viens pas moi-même, nous sommes nettoyés.

ABABOUM.

Nettoyés?..

AMURAT.

C'est le terme de la dépêche... continue...

ABABOUM.

Désireux donc de créer une récompense pour vos armées de terre et de mer, vous m'avez chargé d'étudier les différentes manières dont les autres souverains, qui sont bien peu de chose à côté de vous, Epatance !

Il se lève.

AMURAT, allant s'assoir à sa place.

Est-il sincère?.. comme ça je saurai le fond de sa pensée.

ABABOUM, continuant.

Honoraient leurs serviteurs... j'ai longtemps cherché, et... (Prenant le verre qu'Amurat a vidé.) Je prendrais bien un autre sorbet... et voici ce que j'ai trouvé : Les Romains se distribuaient des aigles, les Romains des éléphants, les modernes se donnent des grands cordons.

AMURAT.

Témoin, celui que mon cousin Louis treize, dit le juste, vient de m'envoyer... et qui est sous globe, continue.

ABABOUM.

Je ne trouvais rien... lorsque mes regards se sont portés

sur ce passage d'une gazette : En France, à la fête à Bougival, on a inventé un jeu très-original qui consiste à mettre un bouchon, qu'on appelle quille à Mayeux, on ne sait pas pourquoi, au bout d'une planche de six pieds environ ; le joueur, armé d'un gros sou, se place à l'extrémité de ladite planche et s'il abat la quille à Mayeux, il gagne un lapin.

AMURAT.

Un lapin? je ne vois pas.

ABABOUM.

Comment, vous ne voyez pas que cette chose nouvelle en France, ne l'est pas moins en Turquie. Pourquoi ce qui n'est qu'un jeu là-bas, ne serait-il pas ici une marque de haute faveur, et quand un soldat, un savant, un homme éminent comme moi, par exemple, se serait signalé, pourquoi ne lui donneriez-vous pas un lapin d honneur.

AMURAT.

Au fait, pourquoi ne lui donnerai-je pas un lapin?

ABABOUM.

Il n'y a pas de raison...

AMURAT.

Il y en a aucune, j'élèverai des lapins.

ABABOUM.

Et ça vous fera trois mille francs à ajouter à votre budget.

AMURAT.

Mais je t'avais demandé autre chose, je t'ai confié un secret de famille... Tu connais la position où se trouve le sultan et la Porte.

ABABOUM.

Je sais ce que vous allez me dire. Le sultan vous touche... quant à la Porte... des pastèques !

AMURAT.

Comme il me comprend !

ABABOUM.

Donc vous m'avez chargé de trouver un moyen neuf... amusant, original, de vous débarrasser de votre frère Bajazet.

AMURAT.

Oui, c'est une habitude de famille, une sainte tradition... il est absolument interdit par mes ascendants de laisser vivre son frère passé vingt et un ans... je déplore cette coutume...

ABABOUM.

Que vous trouvez excellente, du reste... Donc Bajazet a vingt et un ans ce matin, il sort pour la première fois de ses appartements, et vous lui voudriez, pour sa fête, un petit genre de décès agréable.

AMURAT.

C'est ça, je ne veux pas être brutal... je veux que la postérité dise : Amurat était un gaillard qui ne faisait pas les choses comme tout le monde.

ABABOUM.

J'y ai beaucoup songé, mais je n'ai rien trouvé.

AMURAT.

Rien trouvé !.. Eh bien ! moi, j'ai trouvé... Écoute, ce n'est plus comme padischah que je te parle, mais comme auteur dramatique.

ABABOUM.

Auteur dramatique... oh ! la ! la !

AMURAT, tirant un manuscrit de sa poche.

Lis-moi cela !

ABABOUM.

Qu'est-ce que c'est que ça ?

AMURAT.

Le fruit de mon travail, en trois actes.

ABABOUM.

Un manuscrit ! oh non ! ayez la bonté de porter ça chez le concierge, c'est lui qui est chargé de lire ces machines-là !

AMURAT.

Elle est reçue et distribuée !

ABABOUM, à part.

Pourvu que je ne joue pas dedans. (Lisant.) Fête de Bajazet, charade en deux syllabes et un tout.

AMURAT.

Mon premier est cor... mon second est don... mon tout est.

ABABOUM.

Cordon !..

AMURAT.

Cordon... tu l'as deviné... quel Turc étonnant !

ABABOUM.

Et les rôles ?

AMURAT.

C'est toi, Roxane, Bajazet... au dénoûment, deux esclaves apportent le cordon...

ABABOUM.

Bajazet se prosterne... (Riant.) Entre nous, je crois qu'on dira que vous ne faites pas les choses comme tout le monde !... (A part.) Il est atroce.

AMURAT.

Garçon.., enlevez les sorbets.

ABABOUM.

Vous mettrez ça sur son compte, c'est lui qui me paye toutes mes consommations.

ACOMAT, entrant.

La petite lumière Bajazet... votre frère, demande s'il lui est permis de venir déposer ses hommages aux pieds de Votre Grandeur !...

AMURAT.

C'est lui.. qu'il entre !. .

SCÈNE VII

LES MÊMES, BAJAZET.

Amurat se jette dans ses bras et l'embrasse comme du pain.

TERZETTO.

ENSEMBLE.

AMURAT, BAJAZET.

Mon frère ! mon frère !
Ah ! combien je bénis
L'heureux anniversaire
Qui nous a réunis,
Mon frère ! mon frère !

ABABOUM.

Son frère ! son frère !
Ah ! comme ils sont unis !
Heureux anniversaire !
Quels transports infinis !
Son frère ! son frère !

BAJAZET, s'agenouillant.

O mon bien-aimé frère !
J'embrasse vos genoux !
Comment vous portez-vous,
O sublime lumière ?

AMURAT.

Pas de phrases entre nous !
Appelle-moi sans plus d'affaire :
Monarque sans pareil.

ABABOUM.

Ou bien tout simplement : Fils aîné du Soleil.

BAJAZET, faisant des saluts multipliés.

Monarque sans pareil,
Fils aîné du Soleil !

Fils aîné du Soleil !
Monarque sans pareil.

ABABOUM, les contemplant.

La joie en leurs yeux brille !
Bonheur de la famille !

Montrant Bajazet.

On a beau dire, à ses derniers moments,
C'est encore là qu'on a l' pu d'agréments.

REPRISE DE L'ENSEMBLE.

Mon frère ! mon frère !
Ah ! combien je bénis
L'heureux anniversaire
Qui nous a réunis,
Mon frère ! mon frère !

AMURAT.

Justement je m'occupais de toi...

ABABOUM.

Oui... Son Épatance me disait : Quel bonheur d'avoir un frère fort... bien portant...

AMURAT.

Car tu te portes comme un chêne... Est-il grand, hein?

BAJAZET, niaisement.

Ah oui !...

AMURAT, l'imitant.

Ah oui !... (A part.) Est-il bête !..

ABABOUM.

(A part) Ça tient de famille, (Bas au sultan.) cela n'empêche pas l'ambition. (Haut.) Et êtes-vous bien soigné? On ne vous laisse manquer de rien?... Ah ! si on vous laissait manquer de quelque chose... dites-le à votre bon frère.

BAJAZET.

Ah ! je n'ai besoin de rien...

AMURAT.

Tu l'entends Ababoum ! on ne dira pas que j'ai été un mauvais frère.

BAJAZET.

Oh si !

AMURAT.

Tu as besoin de quelque chose.

BAJAZET.

Je suis majeur; je voudrais qu'on me donne un sérail.

AMURAT.

Ah! gaillard... ça t'amuserait donc un sérail.

BAJAZET.

Ah oui!

ABABOUM.

Eh bien! prince, dépêchez-vous de vous amuser.

AMURAT.

Parce qu'on ne sait ni qui vit, ni qui meurt.

ABABOUM.

(A part.) Ils sont aussi bêtes l'un que l'autre seulement le vieux est plus canaille.

(Musique)

SCÈNE VIII

AMURAT, BAJAZET, puis TOUS.

BAJAZET.

Qu'es-ce que c'est que ça.

AMURAT.

Une surprise.

BAJAZET.

Une surprise?

AMURAT.

Une petite charade que Bibi a composée et où tu vas jouer un rôle...

BAJAZET.

Un rôle?

Il se place sous un dais avec Bajazet.—La cour entre on se place.

CHŒUR.

Voici venir la mascarade,
Seyons-nous pour en voir l'effet
Cherchons le mot de la charade
Faite en l'honneur de Bajazet.

On apercoit le semblant d'une chasse comique. Roxane, à la tête des chasseurs et des chasseresses, paraît [illegible] la tête ornée de superbes andouillers, suivi par des hommes à têtes de chiens qui aboient. — On sonne le lancer.

ROXANE.

Allons, en chasse !
Le cerf nous passe !
Là-bas, tout au fond des halliers
J'ai vu ses andouillers !
J'ai vu la bête,
J'ai vu sa tête,
Ses andouillers
Et ses surandouillers !

Le chœur fait la trompe. — On sonne la vue. — Yaya, poursuivi par les chasseurs, fait deux ou trois tours en s'interrompant pour dire.

YAYA.

Quel métier pour plaire à ce sauvage ! Peut-être ainsi arriverai-je jusqu'à elle. Fuyons ! encore le cor !

Il repart au galop suivi par les chiens.

AMURAT.

Cor ! cor !.. entends-tu mon premier ?

BAJAZET.

Oui, oui !.. trompette !..

On sonne l'hallali

ROXANE.

Venez par ici
Sonner l'hallali !
Vainement la bête
Veut nous tenir tête.
Le cerf est rendu,
Les chiens l'ont mordu,
Venez par ici
Sonner l'hallali !

Tableau.

ABABOUM.

Fin de son premier !..

TOUS, applaudissant.

Bravo ! bravo !.. magnifique !..

AMURAT, saluant.

C'est de moi ! paroles et musique...

BAJAZET, *montant sur le trône à côté du Padischah.*

Paroles et musique.

AMURAT.

Passons à mon second... Ababoum! sonnez pour le second.

ABABOUM, *avec une clochette, criant comme au théâtre.*

On commence! on a sonné pour le deux!

Roxane, pendant que le mouvement se fait, appelle Ababoum du geste

ABABOUM.

Ah! princesse, vous avez été adorable!.. et vous avez rendu bien finement la pensée du maëstro.

ROXANE, *les yeux fixés sur Bajazet.*

Il ne s'agit pas de cela?.. Quel est donc ce jeune homme qui est à coté du padischah?..

ABABOUM.

Ça... mais c'est Bajazet.

ROXANE.

Bajazet?..

ABABOUM.

Le héros de la fête!.. le frère de la lumière!

ROXANE.

Celui qui... au dénoûment?..

ABABOUM.

Juste... Il a vingt et un ans... et il sort pour la première fois de ses appartements... c'est à lui que vous remettrez le tout... le cordon...

ROXANE.

Mais je ne l'avais jamais vu, ce jeune homme...

AMURAT, *qui s'approche d'eux.*

Plait-il?

ROXANE.

Rien. (*A part.*) Mais il est très-bien... c'est la première fois qu'à cette cour, composée de polichinelles, j'aperçois un vrai jeune homme.

AMURAT.

Voyons... mon second!.. Ecoute bien, Bajazet... tache de comprendre, mon ami, ou tu ne feras jamais rien!

BAJAZET.

Vous savez, mon sublime frère, je fais ce que je peux... mais je ne suis pas fort... (*Regardant Roxane qui le suit des yeux avec persistance.*) Pourquoi cette jolie madame me regarde-t-elle ainsi?.. Ses yeux me gênent.

ROXANE, sortant.

Le cordon à lui... Oh ! jamais ! jamais ! jamais !

AMURAT.

Voyons, Ababoum, la mise en scène.

TOUS.

Oui, le second !

ABABOUM, il prend le manuscrit.

Voilà ! La scène se passe dans le paradis de Mahomet... Qu'est-ce qui peut bien y avoir dans le paradis de Mahomet, voyons... un arbre au milieu, tout ce qu'il faut pour écrire, deux portes latérales, un tire-botte suspendu à un saule pleureur. Les détails, c'est la moitié du succès... Diane arrive... comment, Epatance ! Diane dans le paradis de Mahomet ?

AMURAT.

Je suis pour la conciliation... je veux fondre les vieux partis !

ABABOUM, riant.

C'est une consolation anticipée pour votre frère bien-aimé...

AMURAT, à Bajazet.

Oui... attention !.. ce sont les dons que les houris réservent aux bienheureux... Tu entends, Bajazet, les dons !..

BAJAZET.

Oui, don, don, dondaine, dondon ! Amurat (A part) Cosaque !.. va...

ABABOUM.

Ici, une toute petite lueur électrique.

Paraissent quatre houris, formant un tableau vivant. Chaque femme fait un don à celui qui entre au septième ciel ! L'une tient des fruits, l'autre de l'or, la troisième une amphore, la quatrième ne porte rien, comme l'officier de Malborough. — Musique de tableau à musique.

CHŒUR DES HOURIS.

Houris au gracieux visage,
Que le prophète vous promet,
Nous logeons au septième étage
Du paradis de Mahomet.

PREMIÈRE HOURI.

Je suis la grande enchanteresse
A qui l'on ne résiste pas.
Je suis l'or, je suis la richesse,
Reine là-haut, comme ici-bas !

DEUXIÈME HOURI.

Venez choisir dans ma corbeille
Ces fruits dorés, ces fruits divins,
Ils ont pris leur couleur vermeille
Aux feux des célestes jardins !

TROISIÈME HOURI.

Voici les vins que sur la terre
Le prophète avait défendus,
Douce ivresse, extase, mystère
Qu'il réservait pour ses élus !

QUATRIÈME HOURI.

Mes yeux, à moi, sont des étoiles,
Et tes yeux pourront les fixer.
J'ai des virginités sans voiles
Qui renaissent sous le baiser !

REPRISE DU CHŒUR.

Houris au gracieux visage
Que le prophète vous promet.
Nous logeons au septième étage
Du paradis de Mahomet !

AMURAT.

Fin de mon second !

ABABOUM,

Chargez le rustique !

TOUS.

Bravo ! bravo !

AMURAT, saluant.

Enchaînons !.. ne bougez pas... c'est lié... mon tout... Bajazet, viens ici... mon petit ami .. tu n'as pas deviné?.. non. (A part.) Voici le moment solennel et je ne tremble pas... (Il fait avancer Bajazet au milieu du théâtre.) Ababoum, indique-lui la situation.

ABABOUM.

Voilà : Émerveillé des choses que vous venez de voir et d'entendre, vous n'avez plus qu'un seul désir : aller au paradis de Mahomet pour voir si c'est vrai !... v'lan !.. vous appelez la mort !.. vous frappez sur un timbre comme cela...

BAJAZET.

C'est drôle comme je suis tout ça avec peine.

ABABOUM, *il frappe sur un timbre.*

Deux noirs paraissent... Ils portent un coussin, derrière ce coussin est l'ange de la dernière heure.

Tout ce que dit Ababoum s'exécute. Au coup frappé sur le timbre, deux noirs ont paru, ils portent un coussin, et Roxane, recouverte d'un long voile, marche derrière.

AMURAT.

Et l'ange de la dernière heure te dit...

Il remonte sur son trône.

ROXANE.

Ami!

ABABOUM.

Il n'y a pas ami...

ROXANE.

Fichez-moi la paix, vous!... Je le sens comme ça... (*A Bajazet*). Ami, tu veux mourir.

BAJAZET.

Moi!... jamais de la vie!

AMURAT.

T'es bête... c'est dans la pièce...

ROXANE.

C'est un cordon... que tu demandes...

AMURAT.

Très-bien... c'est ça...

ROXANE.

Prends-le donc de mes mains... ce cordon... c'est moi... c'est Roxane qui te l'apporte!... Le voici.

Elle prend sur le coussin qui est recouvert d'un crêpe, un grand cordon bleu, vert et jaune et le passe au cou de Bajazet.

BAJAZET *niaisement.*

Qu'est-ce que c'est que ça?

TOUS.

Ah!

AMURAT.

Le grand cordon de mon cousin Louis XIII, dit *le Juste*... Hein... quoi!... Qu'est-ce qu'elle fait?... Ça n'est pas ce cordon-là!... On a changé le texte!... Ça n'est pas ça!... A moi, Ababoum! Acomat!

ABABOUM.

Que voulez-vous, il faut refaire le dénoûment.

AMURAT.

Quel est ce bruit?

Grand bruit de trompettes au dehors.

ROXANE, *à Amurat.*

Ce bruit?... A quelle heure partez-vous pour Babylone.

AMURAT.

A 5 heures 5.

ROXANE.

Eh bien! il est 6 heures 10...

AMURAT.

Je n'ai plus qu'une heure.

ROXANE.

Partez, hâtez-vous; je me suis fait tirer les cartes pour vous.

AMURAT.

Les cartes. Eh bien?

ROXANE.

Trois fois le huit de pique!

AMURAT, *très-effrayé.*

Trois fois le huit de pique!... A cheval, Messieurs, à cheval!

SCÈNE IX

LES MÊMES, LE GÉNÉRAL BOXPHORE, puis SOLDATS, JANISSAIRES.

BOXPHORE.

Pa... pa... dis... di... schah... schah! Il est cinq heu... cinq heu... cinq heures dix...

AMURAT.

Le général Boxphore!... mon général en chef... Hier il était muet... comment se fait-il qu'il parle?

ABABOUM.

Seigneur, c'est une surprise que j'ai voulu vous faire... Je l'ai opéré ce matin...

AMURAT.

Eh bien!

ABABOUM.

Eh bien! maintenant, il bégaie!

AMURAT.

Quel Turc!... je te donne un lapin d'honneur.

TOUS.

Et nous.

AMURAT, aux autres.

Messieurs, il y en a d'autres!... (A Boxphore). Général, mauvais présage: trois fois le huit de pique!...

BOXPHORE.

Trois fois huit ça... fait... fait... vingt-qua... qua...tre.

AMURAT.

..ussi bon mathématicien que grand général... Partons. (A part) Mais mon petit frère... Ah! (A Ababoum). Ababoum.

ABABOUM.

Epatance?

AMURAT.

Il faut que tu m'en débarrasses en huit jours!

ABABOUM.

En huit jours! mais...

AMURAT.

Voici le moyen... il a demandé un sérail... donne-lui le mien et qu'il n'en revienne pas.

ABABOUM.

Mais s'il résiste aux joies du...

AMURAT.

Tu lui serviras de guide...

ABABOUM.

Moi..

AMURAT.

Je te l'ordonne...

ABABOUM.

Avec plaisir.

AMURAT.

Adieu Roxane... ma capeline... ma barbe... la barbe de mes pères... mon turban?

ATALIDE, bas à Yaya.

Il va partir! Nous sommes séparés pour toujours!

YAYA à Atalide.

Non! non! laissez-moi faire... (A Amurat). Seigneur, avant de partir, accordez-moi une faveur...

AMURAT.

Laquelle?

YAYA.

Faites-moi gardien du sérail!

AMURAT.

Gardien du... mais, jeune présomptueux, quel talent as-tu?

YAYA.

Oh! je sais que c'est beaucoup demander... mais je ferai mon stage... j'étudierai...

AMURAT.

Va au diable! Fais ce que tu voudras. Adieu, mon frère.

BAJAZET.

Adieu, Lampe de l'Orient!... voilà la lampe qui file.

ROXANE, le regardant.

Le cordon lui va bien, à ce jeune homme.

AMURAT.

A cheval!

FINAL. — CHŒUR.

Partons, partons, l'heure sonne,
Partons, partons pour Babylone.

AMURAT.

Général Boxphore, à l'œuvre!
Commandez la manœuvre.

BOXPHORE.

Ga-g-garde à vôs!... en ba-ba-bataille!
A gau-gau-gauche align'ment!

Douc'ment-ment! pa-pa-par rang de taille!
En na-na-n'avant!

Défilé.

LES GÉNÉRAUX.

Saluez les généraux
De ce peuple de héros,
Et ce qui nous rend très-beaux
C'est un soleil dans le dos.
Cet emblème ingénieux
Veut dire, selon les vieux,
Que l'on se bat ainsi bien mieux
Que le soleil dans les yeux.

LES SOLDATS.

Voici venir les soldats
Et nous gagnons les combats.
Nous savons marcher au pas.
Et s'il le faut au trépas!
Nous prions en bons apôtres
Le prophète tout-puissant
D'envoyer les ball' aux autres
Pour avoir de l'avanc'ment.

LES FEMMES.

I

Chers amis, dans un instant,
Vous partez pour la guerre,
Mais rassurez-vous,
Vous emportez tout notre amour.
Pourtant s'il le faut
Nous tacherons de nous distraire
Tout en attendant votre retour.

II

Quand vous vous battrez
Surtout ne perdez pas la carte
Et si vous voyez
Quelque fusil braqué sur vous
Tachez de partir
Avant que le fusil ne parte,
Vous éviterez
Ainsi les mauvais coups.

CHŒUR.

Partons, partons pour Babylone !
Partons, partons, l'heure sonne
A Babylone !

CRIS.

Vive Amurat !

Amurat paraît porté en palanquin. — On jette des fleurs sur les pas des soldats.

ACTE DEUXIÈME

Le sérail. — Un jardin plein de roses et de lumières. — Au fond, le bain des femmes, fermé par des draperies jetées sur les arbres.

SCÈNE PREMIÈRE

LES FEMMES DU HAREM, ZOBÉIDE, DINARZADE, AZA, MORGIANE, KORA, GULNARE, NANA.

Au lever du rideau les femmes forment différents groupes. Les unes un miroir à la main se peignent le visage, d'autres étendues écoutent une lecture.

CHŒUR.

Bayadères, sultanes,
Comment passer le temps?
Jouons loin des profanes,
Aux jeux innocents.

PREMIÈRE BAYADÈRE.

Ce sérail que l'on envie
Monotone en est la vie.
On s'y peint le nez, les yeux,
A qui mieux mieux.

DEUXIÈME BAYADÈRE.

On se plaît à sa toilette !
Mais hélas ! la plus coquette
Se fatigue de se voir
Dans son miroir.
Ah !

CHŒUR.

Bayadères, sultanes
Comment passer le temps ?
Jouons loin des profanes,
Aux jeux innocents.

TROISIÈME BAYADÈRE.

Quand on a dans des coquilles
Fait brûler deux cents pastilles;
Ou quand on a bien grillé
Son narguilé !

QUATRIÈME BAYADÈRE.

On a droit pour fête folle,
De jouer à pigeon vole,
Ou bien à mon corbillon
Qu'y met-on ?

TOUTES.

Un hanneton !

QUATRIÈME BAYADÈRE.

Ah !

CHŒUR.

Bayadères, sultanes,
Comment passer le temps ?
Jouons loin des profanes.
Aux jeux innocents.

ZOBÉIDE, qui écoute la lecture.

Allons, voyons... taisez-vous donc, vous m'empêchez d'entendre.

SÉLIKA.

C'est donc bien joli ce livre ?

BENGALINE.

Oui, mais si on le voyait.

NANA.

La lecture est un travail, et tout travail nous est interdit.

AZA.

Sous prétexte que cela fait maigrir...

MORGIANE.

C'est une tyrannie.

TOUTES.

Hélas!

ZOBÉIDE.

Ah! quelle différence avec ce pays fabuleux dont parle ce livre!

SÉLIKA.

Et comment s'appelle ce pays?

MORGIANE.

La France!

NANA.

Et que s'y passe-t-il donc?

TOUTES.

Oui... quoi donc!

KORA.

Le contraire de ce qui se passe ici.

ZOBÉIDE.

Les femmes y font ce qu'elles veulent.

TOUTES.

Ah!

MORGIANE.

Elles vont, viennent... ordonnent... et, dit ce livre merveilleux, on leur obéit!!!

TOUTES.

Ah!

SELIKA.

Et ce sont les hommes qui sont leurs esclaves?

NANA.

Qui sont à leurs pieds?

KORA.

Complétement.

TOUTES.

Ah! ah! ah!

AZA.

Que ce doit être gentil.

ZOBÉIDE.

Un homme n'a le droit d'avoir qu'une seule femme à la fois.

TOUTES.

Bah!

NANA.

Ce doit être bien ennuyeux.

AZA.

Et les femmes, est-ce qu'elles n'ont qu'un...

DINARZADE.

Elles le doivent... c'est même très-fortement recommandé.

SÉLIKA.

Mais comme elles font ce qu'elles veulent... elles en prennent plusieurs...

AZA.

Oh! ce doit être amusant.

ZOBÉIDE.

Mais il paraît... oh! mes amies, vous allez frémir... il paraît (c'est le livre qui le dit encore) que les femmes trompent ces pauvres hommes.

AZA.

Elles les trompent?..

KORA.

Oui...

SÉLIKA.

En quoi faisant?

ZOBÉIDE.

Ah! tu en demandes trop... je n'en sais rien... et le livre ne donne pas d'explications là-dessus...

AZA.

Oh! c'est dommage...

SÉLIKA.

Et les femmes ont des bijoux... des toilettes... des perles... des cachemires... comme ici?

ZOBÉIDE.

Et en plus... des amoureux...

KORA.

Et la liberté...,

SÉLIKA.

Oh! la liberté!...

TOUTES.

Vive la liberté!...

KORA.

Silence!

MORGIANE.

La ronde des gardiens!...

Grand mouvement, on cache le livre. Toutes les femmes prennent un air indolent et se groupent nonchalamment.

SCÈNE II

LES MÊMES, YAYA, LES EUNUQUES.

Les eunuques entrent sur une marche très-grave : quand ils ont fait le tour de la scène ils se rangent devant la rampe et le chœur suivant éclate sur un ton sur aigu.

YAYA.

Chœur des muets.

Pour la premiere fois on chante le chœur à bouche fermée.

CHŒUR.

Nous sommes muets de naissance,
Comme vous pourez en juger,
Et notre extrême vigilance
Eloigne d'ici tout danger.
Sachez bien que tout n'est pas roses
Dans ce triste état de muet
Car pour nous montrer tant de choses
Il faut qu'on soit bien sûr que nous sommes discrets.
Si nous pouvions parler!...
Que de choses à révéler,
Mais
Nous sommes muets!...

YAYA.

Deuxième couplet un peu moins fort. (Pour la reprise, on

chante les paroles) On m'a reçu,.. je suis surnuméraire, encore un grade, chère Atalide, et nous ne nous quitterons plus. Voyons, l'appel de mes muets : la Tubéreuse.

PREMIER EUNUQUE.

Présent !

YAYA.

La Tulipe.

DEUXIÈME EUNUQUE.

Présent !

YAYA.

La Violette.

TROISIÈME EUNUQUE.

Présent !

YAYA.

La Sensitive.

QUATRIÈME EUNUQUE.

Présent !

YAYA.

C'est bien !

Aux femmes, comme s'il conduisait un troupeau.

Allons ! brr ! brr ! brr !... voici midi !... c'est l'heure du bain !... A l'eau, mes petites chattes ! à l'eau !.. Brr ! brr ! brr !..

Il les chasse devant lui. Et la ronde sort sur la reprise du chœur et de la marche.

SCÈNE III

ROXANE, ATALIDE.

Roxane entre appuyée sur Atalide, comme dans une tragédie.

ATALIDE.

Madame, où courez-vous ?

ROXANE.

Enfin, chère Atalide,
Il faut que mon destin aujourd'hui se décide.
Les ombres par trois fois ont obscurci les cieux
Depuis que le sommeil n'est entré dans mes yeux.

ATALIDE.

Madame, expliquez-vous...

ROXANE.

Ecoute, je commence,
Il s'agit d'Amurat. Lorsqu'il quitta Byzance,
Il était à cheval, ses gardes affligés
Imitaient son silence autour des orangers...

S'interrompant, à part.

O ces feux de l'amour!...

ATALIDE.

Que vos transports s'apaisent.

ROXANE, *violemment, secouant ses cheveux.*

Que ces vains ornements, que ces voiles me pèsent!...
Quelle importune main en formant tous ces nœuds
A pris soin sur mon front d'assembler mes cheveux?

ATALIDE.

C'est le coiffeur, madame!

ROXANE, *souriant tristement.*

Oui... c'est vrai... c'est injuste!
Je n'ai qu'à me louer de ce monsieur Auguste.
Il me coiffe à ravir, et, si j'ai de l'ennui,
Ce n'est pas un motif pour crier après lui.
Atalide, dis-moi, suis-je belle?

ATALIDE.

Ah! madame!...

ROXANE.

Crois-tu qu'il puisse un jour correspondre à ma flamme?

ATALIDE.

Qui, madame?... Amurat?

ROXANE.

Amurat? Le sultan?
Crois-tu donc que pour lui je me remuerais tant?
Non, c'est par d'autres feux que mon cœur se dévore.

ATALIDE.

Mais, madame, lesquels?

ROXANE.

Je n'ose...

ATALIDE.

Mais encore.

ROXANE.

Eh bien ! celui qu'ici, sans bruit et sans façons,
Ababoum sacrifie à de cruels soupçons,
Celui que je devais faire immoler moi-même,
Bajazet, ce jeune homme, Atalide, je l'aime !..

ATALIDE, avec horreur.

Vous l'aimez !..

ROXANE, se voilant les yeux.

Insensée !.. où suis-je ? et qu'ai-je dit ?

ATALIDE.

Madame, à cet aveu mon cœur est interdit !
Que prétendez-vous faire ?

ROXANE.

Eh ! le sais-je ? j'hésite.
Si tu n'as jamais vu flotter de favorite ;
Regarde-moi, je flotte !.. Et tout ce que je sais,
C'est que de Bajazet les jours sont menacés,
Que les femmes, le vin amollissent les âmes !..
Le vin, ça m'est égal !.. mais les femmes !.. ces femmes
Qui doivent le charmer, le perdre et l'enlacer,
Eh bien ! j'en suis jalouse... et veux les remplacer.

ATALIDE.

Madame, d'Amurat vous parlez à la nièce ;
Je ne souffrirai pas que vous lui fassiez pièce.

ROXANE.

Je ne souffrirai pas ! Tiens, tu me fais pitié !
Mon pouvoir souverain, tu l'as donc oublié ?
Et ton Yaya, ma belle !.. il est surnuméraire !..
Si tu dis un seul mot... je le fais titulaire !..

ATALIDE.

Mais, madame, Yaya ne demande pas mieux...
Et si vous le faisiez, vous combleriez nos vœux !

ROXANE, réprimant un rire.

Yaya, en faire un muet !.. oh ! pauvre enfant !

RONDEAU.

Vous ne connaissez pas,
Vous êtes trop niaise,

L'histoire et le tracas
D'une jeune Française ;
Son nom est bien connu,
Faut-il qu'on vous le dise ?
C'était une vertu
Qu'on nommait Héloïse.
Elle avait pour ami
Un professeur bien tendre,
D'un mérite infini,
Qui lui fit tout apprendre.
Mais un oncle ignorant,
La trouvant trop savante,
Voulut mettre à néant
Sa science naissante.
« Je prétend qu'Abeilard
« Sorte de votre vue,
« Envoyez ce bavard
« Pérorer dans la rue. »
L'élève résista,
Voulut garder son maître,
Mais l'oncle le guetta
Et le surprit en traître.
L'entretien fut si vif
Que dans sa frayeur folle,
Le professeur craintif
En perdit la parole.
Héloïse à jamais
Au couvent dut se rendre,
D'un muet désormais
Ne pouvant rien apprendre.
Or, vous n'envieriez pas,
Ou j'en serais surprise,
L'histoire et le tracas
De la pauvre Héloïse !

ROXANE.

Maintenant que tu sais tout cela, plus de feinte !
Sers mes projets au lieu de faire ta Jacinthe !
Et si Bajazet... Dieux ! c'est lui, remettons-nous !..

ATALIDE.

Yaya !

ROXANE.

Je te promets qu'il sera ton époux !

Atalide sort.

SCÈNE IV

ROXANE, puis BAJAZET.

Au moment où Atalide sort, on entend éclater au dehors un chœur joyeux et un bruit de verre. — Roxane écoute.

CHŒUR, au dehors.

Buvons !
Chantons !
Aimons !
La vie est enivrante !
Soyons tout aux plaisirs !
Gloire à la main puissante
Qui nous fit ces loisirs !
Buvons !
Aimons !

LA VOIX DE BAJAZET, seule.

Bayadères jolies,
Je bois à vos santés !
A toutes les folies !
A toutes les beautés !

Il entre en scène une coupe à la main.

BAJAZET.

Je demande merci ! c'en est trop, sur ma foi !
Ne fût-ce qu'un instant, buvez, chantez, sans moi !

ROXANE.

Ah ! que je suis émue !
Cette voix que jamais je n'avais entendue !
Jusque dans son ivresse, il est monumental !

Elle a caché son visage sous un voile et s'avance vers Bajazet.

Bajazet ! Bajazet !

BAJAZET.

Qui m'appelle ?

ROXANE.

Une femme !

BAJAZET.

Es-tu belle?

ROXANE, laissant brusquement tomber son voile.

On le dit!

BAJAZET, à part.

La sultane!

Avec calme.

Oui, pas mal!

ROXANE.

I

Ami, c'est un bon ange
Qui vient auprès de toi.
Si ma voix est étrange,
N'importe!.. Ecoute-moi,
Malheureuse victime,
Qu'on fait semblant d'aimer!
On te mène à l'abîme...
Oui! l'on veut t'abîmer!..

BAJAZET.

II

Ta morale m'étonne
Et je n'y cède pas!
Je veux que courte et bonne
Soit ma vie ici-bas!
Si je marche à l'abîme,
Eh bien! c'est sur des fleurs!
Et je bénis, victime,
Mes sacrificateurs!

ENSEMBLE.

ROXANE.

Ah! triste découverte
Pour mon cœur oppressé!
Ce ton me déconcerte...
Il est bien avancé!

BAJAZET.

Oui, mon âme est ouverte!
Rien ne peut la lasser!
Si je marche à ma perte,
Laisse-moi donc passer!

ROXANE.

Parmi ces cœurs de glace,
S'il en était... mon Dieu!

Cet aveu m'embarrasse !..
Un seul qui fût de feu !
Oui, si parmi ces femmes,
Il en était, dis-moi,
Une aux regards de flammes
Qui ne voulût que toi !
Lorsqu'à la voix d'un maître
Tout obéit ici,
S'il en était peut-être
Une qui t'eût choisi !
Une qui dit : Je t'aime !
Ce bonheur inconnu,
Enivrement suprême !
Le repousserais-tu ?

BAJAZET, à part.

Ah ! qu'elle est belle !

ROXANE.

Tu la repousserais?

BAJAZET, à part.

J'ignore tes projets,
Sirène, mais tu voudrais
Me prendre en tes filets !

ROXANE.

Eh bien ?..

BAJAZET, après une lutte.

Eh bien ! je lui dirais :

Reprenant le motif qu'il a chanté dans la coulisse au commencement de la scène.

Bayadères jolies,
Je bois à vos santés !
A toutes les folies !
A toutes les beautés !

ENSEMBLE.

BAJAZET.

Adieu ! princesse, adieu !

Bajazet s'enfuit par la gauche en levant triomphalement sa coupe.

SCÈNE V

ROXANE seule, puis ABABOUM.

ROXANE.

O ciel! à cet affront m'auriez-vous condamnée?... (Changeant de ton.) Ah! ça m'ennuie de parler en vers... ça perd un temps!... Bajazet, mon bonhomme, tu m'as dédaignée. Ton compte est fait! (Tranquillement.) Voilà le langage du cœur.

ABABOUM, paraît sur les marches du kiosque.

Bajazet, Bajazet!... Où donc est mon élève... Bajazet... hé! Bajazet!... Il me laisse tout seul... sapristi... mais si ça continue comme ça... je donne ma démission, moi!... Amurat m'a dit : Tu le noyeras dans les joies du sérail!... et pour le noyer tu lui serviras de guide... et alors il arrive qu'à force de le plonger dans les délices du cœur... mais je ne suis pas de force, moi! d'autant plus que c'est un malin.

ROXANE, à part.

Un malin...

ABABOUM.

J'ai remarqué avec douleur, mais enfin j'ai remarqué que quand il en a assez, il s'en va... et moi... moi qui en ai de trop... il faut que je reste!...

ROXANE, s'avançant.

Que dis-tu là?

ABABOUM.

Roxane! La favorite!

ROXANE.

Chut! pas un mot! et réponds! Tu as dis : Bajazet est un malin!

ABABOUM.

Eh bien! oui, madame!...

COUPLETS.

I

On m'a dit de l'entraîner
Moi, madame, je l'entraîne,

Mais je voudrais terminer
Cette tâche surhumaine.
Parce que, je le soutiens,
Il est plus fort que son maître.
Et mes jours pourraient bien être
Plus en danger que les siens!
Ah! ah!
Bref, on boit, on aime,
La nuit et le jour,
Mais le vin, l'amour
C'est toujours de même,
C'est chacun mon tour!

II

Quand son verre est plein de vin
C'est le moment de le boire.
Crac! il me passe la main...
Moi, je bois, sans plus d'histoire!
Quand une almée avec lui
Veut danser... la farandole,
Crac! il me passe parole...
Je reste avec la houri!...
Ah! ah!
Bref, on boit, on aime,
La nuit et le jour.
Mais le vin, l'amour,
C'est toujours de même,
C'est chacun mon tour!

ROXANE.

Oh! si cela était!... Le fait est qu'il se porte crânement bien... malgré ces huit jours de festins.

ABABOUM.

Et moi... je suis vanné, madame... moi et Acomat, le grand muphti, nous sommes vannés! Et si cela continue, c'est moi et le grand muphti qui succomberons... et quand je pense que j'ai un sérail à moi... que je laisse dans l'abandon... ça fait pitié... quand je rentre... mon sérail est là qui m'attend... il semble me dire : Raphaël, tu nous oublies... mais mettez-vous à ma place... moi j'obéis au sultan... mais je ne peux pas être partout.

ROXANE.

Et Acomat?

ABABOUM.

Le grand muphti... Oh ! lui... Madame... il boulotte encore... parce qu'il n'y est pas forcé... C'est un service qu'il me rend... il a un si bon estomac !

ROXANE.

C'est bien, qu'il vienne.

ABABOUM.

Je vais l'appeler. (Il appelle.) Jules ! Jules.

ACOMAT, entrant en dansant.

Qu'est-ce qui a demandé Jules ?

ABABOUM.

La sultane.

Acomat se dégrise.

SCÈNE VI

Les Mêmes, ACOMAT.

ROXANE.

Oh ! je rumine quelque chose d'écrasant.

ACOMAT.

Il descend en scène et il se tient très-raide.

Madame...

ROXANE.

Approchez !... Vous êtes solide...

ACOMAT.

Comme un roc...

ABABOUM.

Il est heureux, lui !...

ROXANE.

Vous avez encore votre raison !..

ACOMAT.

Un grand muphti!

ABABOUM.

Quelle belle organisation il a, ce muphti-là !

ROXANE.

Hé bien ! il se passe ici quelque chose d'extraordinaire... Tu sais qu'en l'absence d'Amurat... je suis reine et souveraine maîtresse..., que d'un geste... je puis te faire couper la tête... cela te dégrise... c'est ce que je voulais... viens donc, suis-moi ! ne perds pas un mot de ce que je te dirai et exécute à la lettre les ordres que je vais te donner... Ah ! Bajazet !.. tu m'as repoussée tout à l'heure... lorsque je venais t'ouvrir ces bras tout pleins d'amour... cela n'est pas naturel... Est-ce naturel, dis?..

ACOMAT, avec admiration.

Oh non !

ROXANE.

Galopin ! suis-moi ! (A Ababoum.) et toi aussi, j'ai deux rôles à vous faire jouer, suivez-moi tous les deux !

Elle sort, Acomat veut entraîner Ababoum qui résiste.

SCÈNE VII

ABABOUM, puis DEUX NÉGRESSES et toutes les ODALISQUES.

ABABOUM, à Acomat.

Non... va... suis-là, toi... (Acomat sort sur les pas de Roxane. — Au public.) Je m'en vas rentrer chez moi... parce que tout cela, c'est des bêtises,.. je m'en vas frictionner mon lit... me bassiner... prendre un bon bain de pieds... quand j'aurai tout ça dans l'estomac... et vingt-quatre heures de sommeil... Ah ! qu'est-ce que je ne donnerais pas pour vingt-quatre heures de repos... (Deux négresses entrent et viennent se placer à ses côtés.) Qu'est-ce que c'est !... Six partout ! Je boude. (Les deux négresses expriment par leur pantomime que c'est l'heure où les almées sortent du bain, qu'elles sont d'une beauté merveilleuse, revêtues de costumes magnifiques.) Oh ! la plastique ! toujours !.. j'aime encore mieux passer dans le camp de la sultane ! et s'il le faut, trahir avec elle !

Il sort.

Un rideau qui a fermé le kiosque des bains tombe, et on voit toutes les femmes formant tableau. — Les unes couchées dans les roseaux, les autres se balançant dans les hamacs. — Atalide au milieu d'elles dans un hamac de soie et d'or.

CHŒUR.

C'est l'heure où l'on se repose,
Craignons pour nos teints de rose
Le soleil et ses ardeurs.
Un ciel de plomb nous accable,
Craignons l'azur implacable!
Que l'onde est pure, ô mes sœurs!

ATALIDE, se balançant.

BERCEUSE.

A l'ombre du grand platane
La sultane
Rit et s'ébat dans les eaux;
Regardant si quelque tête
Indiscrète
N'écarte pas les roseaux!
Mais le noir est là qui guette!
La coquette
Le voit avec désespoir:
« A quoi me sert d'être belle,
« Se dit-elle,
« Si nul ne doit le savoir! »

CHŒUR.

C'est l'heure où l'on se repose,
Craignons pour nos teints de rose
Le soleil et ses ardeurs!
Un ciel de plomb nous accable!
Craignons l'azur implacable!
Que l'onde est pure, ô mes sœurs!

On entend dans le lointain le son d'un cor. — La draperie se referme.

SCÈNE VIII

BAJAZET, ROXANE, ATALIDE.

ROXANE, entrant d'un air agité.

Avez-vous entendu ce cor!.. c'est le signal d'Ababoum,

ceci nous annonce une nouvelle du camp d'Amurat... Bonne nouvelle si une fanfare suit ce signal... mais mauvaise nouvelle si le cor se fait seulement trois fois entendre!.. Ecoutez...

A intervalles égaux on entend trois fois retentir le cor.

BAJAZET.

Un cor, deux cors, trois cors... sept de moins que le cerf dix cors.

ROXANE.

Par Mahomet... la nouvelle doit être fâcheuse!.. que se passe-t-il? Atalide, que voyez-vous?..

ATALIDE, regardant au fond à l'aide d'une lorgnette.

Je ne vois que le soleil... et un nuage de poussière.

BAJAZET.

Ça ne peut pas être ça qui ait sonné du cor!

ATALIDE.

Dans ce nuage, une grande boîte!

BAJAZET.

Une grande boîte!.. ah!

ATALIDE.

Portée par deux Tartares.

BAJAZET.

Deux Tartares... une boîte à la tartare!

ROXANE, à part.

Oui et une anguille sous roche.

ATALIDE.

Ils viennent... ils s'avancent!.. les voici!

BAJAZET.

Quels peuvent être ces hommes?

SCÈNE IX

LES MÊMES, ABABOUM, ACOMAT, déguisés en Tartares, et suivis de l'homme portant une grande boîte. On dépose la boîte au milieu du théâtre.

ABABOUM changeant sa voix.

Salut à la sultane Roxane!.. à la perle de l'Orient!.. (A

part, au public) C'est encore moi! je suis plus vanné que jamais : je demande un oreiller, on me donne un casque. Encore une corvée, je ne fais que ça ici!

ROXANE.

C'est bien, qu'apportes-tu là?

ABABOUM.

Ouvrez le colis, princesse.

ROXANE ouvre la boîte, on aperçoit une tête de Turc représentant exactement celle d'Amurat.

Ciel! Amurat!..

BAJAZET.

Qu'est-ce qu'il fait là-dedans?

ABABOUM, lui remettant un pli.

Lisez, princesse, lisez.

BAJAZET.

Lisez, princesse!

ROXANE.

Je vais lire!

ROXANE, lisant la lettre.

Amurat quatre à Roxane,
La puissance à la beauté,
Le sultan à la sultane
Salut et fécondité!
Ta taille, quand je la presse,
A dans son balancement
La molle et fière souplesse
Du palmier qui plie au vent!
Et ton visage au teint pâle
Rappelle aux yeux éblouis,
La lune aux rayons d'opale
Eclairant l'ombre des nuits!
Après ces saluts d'usage
Et ces tendres compliments,
Faut préparer ton courage
A de grands événements!
Je sens décliner mon astre,
Je ne me porte pas bien!
J'ai reçu dans l'épigastre
Un boulet babylonien!
Le traître m'a coupé juste,
Mais juste par la moitié,
Ne me laissant que ce buste,
Garde-le par amitié!

Ah!

Elle feint de s'évanouir.

ABABOUM.

Attendez, princesse ! les horribles détails vont vous remettre... nous étions dans les tranchées... vous ne confondez pas, je parle des fossés de Babylone... La grande lumière m'exposait son plan d'attaque, je lui dis : Padischah, garez-vous, voilà un boulet qui arrive. Énergique et imprudent ! il prend sa longue-vue, et me dit : Tu crois ?.. non, c'est un ballon... non, c'est un boulet ! non, si... non... pendant cette fatale discussion, le boulet arrive !.. ça le prend là... et le padischah, coupé en deux, n'a que le temps de se pencher à mon oreille et de me dire : Vite, une plume, du papier... vous savez le reste !

BAJAZET, qui a ramassé la lettre.

Mort !.. Amurat est mort !.. alors à moi la Porte !.. à moi le divan ! à moi les coussins ! Enfin ! je puis lever le masque ! j'ai fait l'idiot !.. mais je ne le suis pas plus que vous !.. je le suis même moins !.. à moi Byzance !

ROXANE, se relevant tout à coup.

Ah ! je savais bien que je te forcerais à te trahir !

BAJAZET.

Que dit-elle ?

ROXANE, aux autres.

Assemblez tout le monde ! et soyez prêts à mon premier appel !

On sort.

SCÈNE X

ROXANE, BAJAZET.

BAJAZET.

Roxane !... cette lettre...

ROXANE.

Est fausse !... Amurat n'est pas mort.

BAJAZET.

Aïe ! Et moi qui ai failli sauter dessus.

ROXANE.

Bien joué, n'est-ce pas Bajazet ? Ah ! tu crois qu'on dédaigne Roxane... et que Roxane ne se venge pas !... Tu connais l'ordre d'Amurat... ce qu'il m'a dit en partant!... Allons-y! Le cordon, s'il vous plait!...

Deux noirs apportent un cordon.

BAJAZET.

Ah! quelle jolie occasion de me taire j'ai ratée-là. C'est dommage, allez, Roxane... Oui, j'étais ambitieux... il y avait là dedans des mondes de projets... Comme j'aurais refait la carte du monde, quelles limites naturelles pour la sublime porte, et vous étiez bien la compagne qu'il me fallait, enfin... comme vous le dites si bien... Allons-y. (*Il va mettre sa tête dans le cordon.*) Cordon, si vous plait. Adieu, Roxane, adieu. Quand vous voudrez, Messieurs.

ROXANE *enlevant le cordon roulé autour de son cou.*

Ah!.. non... je ne peux pas... Il est trop beau. Ce cordon-là, ingrat, si tu avais voulu, je te l'aurais épargné comme l'autre...

BAJAZET.

Comme l'autre? que veux-tu dire?...

ROXANE.

Que c'est moi qui ai dénaturé la charade de ton frère, j'ai changé le texte, c'est moi qui, au péril de mes jours, ai substitué le grand cordon de Louis XIII.

BAJAZET.

Dit le Juste,

ROXANE.

A celui qu'Amurat te destinait déjà.

BAJAZET.

Toi? Tu as fait cela?... Ah! Roxane! Roxane! (*Il se jette à ses pieds.*) Ah! laisse-moi te chanter une romance.

ROXANE.

Oui, mais bien courte.

BAJAZET.

Ça va être fait tout de suite.

FINALE. — ROMANCE.

BAJAZET.

I

C'est un cordon
Que dans sa farouche colère

M'envoyait mon aimable frère!
C'est un cordon,
Qu'en sa tendresse ingénieuse
Me passa la main gracieuse!
C'est un cordon,
Qu'à son tour, ô ma toute belle,
Voudrait t'offrir mon cœur fidèle!
C'est un cordon,
O ma déesse tutélaire,
Que de mes bras je veux te faire!
C'est un cordon!

Il l'embrasse. — Roxane le presse sur son cœur.

BAJAZET.

A nous deux le bonheur!

ROXANE.

Et Byzance à nous d'eux

BAJAZET.

Roxane, y penses-tu? quel rêve ici t'égare!
Nous dépendons encore de ce frère barbare,
Songes-tu qu'Ababoum, Atalide, Acomat,
Tous trois tremblent encor au seul nom d'Amurat!

ROXANE.

Atalide, Acomat!... j'en ai fait mes complices;
Le tartare était faux, pense à leurs artifices.
Le sérail dégagé d'un joug qui lui pesait
Croyant Amurat mort, acclame Bajazet.

Cris au dehors.

Vive Bajazet! Vive Bajazet!

SCÈNE XI

ATALIDE, ACOMAT, ABABOUM et YAYA.

Les rideaux du fond se relèvent. — On voit tout le sérail, femmes, janissaires, eunuques, etc.

ROXANE.

Et maintenant tapons sur la tête du Turc.

BAJAZET, *frappant.*

Cinq cents.

ABABOUM, frappant à son tour.

Dix.

CHŒUR.

Vengeons-nous sur la bête.
Elle a le crâne dur.
Et tapons sur la tête,
Sur la tête du tur!

ROXANE.

Moi, je veux être la première
A vous retracer ses vertus.
C'était une grande lumière,
Mais puisqu'on a soufflé dessus,
Bonsoir, l'ami! n'en parlons plus!

CHŒUR.

Pan, pan!
Vengeons-nous sur la bête,
Elle a le crâne dur.
Et tapons sur la tête
Sur la tête du tur!

ABABOUM.

Quant à moi, qu'on me vilipende,
Mais je t'abandonne tout net!
Pour te trahir, je ne demande
Qu'un oreiller, un bon duvet...
Et je dis : Vive Bajazet!...

TOUS.

Vive Bajazet.

SELIKA.

Garde à vous. Voici les gardiens.

ROXANE.

Ils sont à nous, nous les avons grisés.

TOUS.

Ah!

Les eunuques entrent en dansant.

CHŒUR.

Dansons
Folichonnons,
Le sérail se révolte en masse,
Dansons,
Folichonnons,
En avant et rompons la glace.

Bonne nuit au sultan!
Et ne faisons plus de manières
En avant! Bayadères,
Bayadères, en avant!
En avant!
Messieurs les gardiens du sérail,
Et gaîment!
Quittez cet air d'épouvantail
Avec nous,
Amusez-vous, trémoussez-vous,
Tendez bien le mollet
Et ce sera complet.

Danse générale.

ACTE TROISIÈME

Le camp d'Amurat. — Au fond, les murs de Babylone. — Pont sur le Tigre. — A droite, la tente d'Amurat. — A gauche, hôtellerie avec petites fenêtres très-rapprochées; pour enseigne : *A la descente de Babylone, on loge à pied, à cheval et en palanquin*, près de l'hôtellerie, un petit télégraphe avec fil se reliant au poteau. — Demi-jour.

SCÈNE PREMIÈRE

ROXANE, BAJAZET et ATALIDE, vêtus en bateliers, dans une barque, sur le Tigre.

NOCTURNE A TROIS VOIX.

ROXANE, BAJAZET, ATALIDE.

I

La nuit est pleine d'étincelles,
Sur les eaux voguons doucement,
Et que nos rames autour d'elles,
Fassent jaillir le diamant.
Tra la la la la,
Ah! ah! ah!

II

ROXANE.

Babylone est là qui sommeille,
Glissons-nous jusqu'à la cité.

ATALIDE.

Et que notre voix la réveille,

BAJAZET.

En lui portant la liberté. (*bis.*)
Tra la la la la,
Ah! ah! ah!

BAJAZET.

Voilà trois fois que nous chantons cette barcarole.

ROXANE.

Ababoum qui est entré le premier à Babylone devait, à ce signal, nous en ouvrir les portes.

TOUS.

Et les portes restent fermées.

Ils descendent de la barque.

BAJAZET.

Où sommes-nous?

ROXANE.

En plein camp d'Amurat.

BAJAZET.

En sorte que nous courons les plus grands dangers?

ROXANE.

Tout simplement.

ATALIDE.

Quel espoir avez-vous en nous amenant ici?

BAJAZET.

Et pourquoi Ababoum serait-il entré dans Babylone?

ROXANE.

Il avait mes papiers! sachez donc ce secret que je vous ai toujours caché : je suis la fille de Ben-Azor XXIV, roi de Babylone.

BAJAZET ET ATALIDE.

Ciel.

ROXANE.

Voici la chose, j'avais quinze ans, je sortais de pension... désireuse de connaître le monde, je m'étais écartée de mes compagnes, et rêveuse j'errais sur les bords de l'Euphrate. Des pêcheurs de corail m'invitèrent à descendre dans leur barque... J'acceptai... A peine y fus-je que, sous le prétexte de pêcher le corail, ils voulurent le recueillir sur mes lèvres.

Des pirates me délivrèrent. Je me croyais sauvée. Ah! bien oui! Après mille dangers faciles à deviner, je fus vendue comme esclave. Placée dans le sérail d'Amurat, je devins bientôt sa favorite, ce qui me décida à me venger de lui. Et voilà pourquoi je viens me jeter dans les bras de mon père.

BAJAZET.

Alors pourquoi votre père ne vous ouvre-t-il pas ses bras et les portes de Babylone.

ROXANE.

Je n'en sais rien, Ababoum aura perdu la clef.

BAJAZET.

Vous ne connaîtriez pas un serrurier.

ROXANE.

La guerre a dévasté les campagnes.

BAJAZET.

Le fait est que quand il y a la guerre tous les serruriers s'en vont.

ATALIDE.

Du bruit!

BAJAZET.

C'est Amurat qui se lève... là dans sa tente. Cachez-vous!... moi, je lui tiendrai tête... et pour lui ôter tout soupçon reprenons notre barcarole.

REPRISE DU REFRAIN.

Les deux femmes sortent à gauche. Bajazet prend à la porte du sultan le turban, la veste et la barbe d'Amurat qui sont sur une chaise et s'en affuble.

SCÈNE II

BAJAZET, AMURAT.

Amurat sort de sa tente, dans un simple appareil. Bonnet de coton enroulé d'un turban, gilet de tricot : il a une lanterne à la main. — Jour.

AMURAT.

Encore réveillé par des bateliers? je n'ai jamais vu tant de bateliers que dans ce pays-ci; ce sont les orgues de barbarie de Constantinople; du reste... ils remplacent agréablement ce chant national turc qui me fatiguait :

Quand les beaux pompiers vont à l'exercice.

Constantinople!... Constantinople... Je ne peux pas prononcer ce mot-là sans qu'une larme scintille à ma paupière... ô Roxane! ô mon sérail! qu'il y a longtemps que je n'ai causé avec vous.

BAJAZET, rentrant en soldat.

Comme ça il ne me reconnaîtra pas... (Chantant) soldat par le haut, pêcheur par le bas... les bottes ne m'allaient pas.

AMURAT.

Heureusement... j'ai là un nouvel appareil télégraphique, que je n'ai pas encore essayé... et que l'on dit merveilleux. Allons!

BAJAZET.

On n' passe pas.

AMURAT.

Imbécile!... tu ne me reconnais donc pas.

BAJAZET.

Vous seriez le petit caporal... vous ne passeriez pas...

AMURAT.

Je suis mieux que caporal... Je suis le padischah.

BAJAZET.

Pardon... Je ne vous reconnaissais pas.

AMURAT.

Ah! parce que je n'ai pas ma barbe... Où donc cet imbécile de Baptiste l'a-t-il mise?... elle était là pour la parfumer, avec mes bottes. (Revenant.) Au fait, qui donc es-tu, toi, pour ne pas me reconnaître même sans barbe.

BAJAZET.

Un vieux soldat qui vous a suivi dans toutes vos campagnes, je n'ai même que ma croix pour vivre... et encore je ne suis pas décoré.

AMURAT.

Tu le seras... (Il lui tape sur le ventre.) Tu l'es. (Au public.) Vous voyez comme je suis bon enfant avec mes soldats... En campagne nous sommes très-bon enfant avec le soldat. C'est un truc... Mais laisse-moi essayer mon nouveau télégraphe.

BAJAZET.

Mais, je le connais ce machin-là.

Il fait aller l'aiguille.

AMURAT, le repoussant et prenant sa place.

As-tu la prétention de mettre le nez dans mes affaires de famille... sortez! à c'te guérite!

BAJAZET, à part.

Bigre et Roxane qui n'est plus à Byzance pour répondre... comment faire?

AMURAT.

D'abord rassurons le peuple. (Il écrit sur son télégraphe.) Tout va bien... achevé 117me, parallèle... combat acharné, cent mille Babyloniens par terre... De notre côté un blessé et encore on croit que c'est un rhumatisme. (Il écrit.) Envoyez nouvelles de Bajazet (il doit être bien bas).

Tout en parlant, il fait marcher l'aiguille.

AMURAT.

Vous allez voir arriver la réponse... Moi et Roxane nous communiquons comme ça toute la journée. Quelques fois, je lui écris des bêtises, elle me répond des petites plaisanteries... nous nous amusons bien!

Bajazet qui est au fond fait signe à Roxane et à Atalide qu'on ne voit pas encore, qu'on ouvre une porte de Babylone. Il les appelle du geste et repousse la barque de leur côté.

AMURAT en colère.

Ah! la réponse tarde!... voyons Bajazet!...

BAJAZET, au fond et faisant un porte-voix de ses deux mains.

Bajazet!... il est mort.

AMURAT, bondissant

Ah! il parle!... (Désignant l'appareil.) Il reproduit la voix! (A Bajazet) C'est toi qui m'a fait ça.

BAJAZET.

Quoi.

AMURAT.

C'est toi qui a répondu.

BAJAZET.

Moi, je n'ai rien entendu.

AMURAT

Eh bien, mets-toi là et écris ce que je vais te dicter et si ça ne répond pas, je te coupe la tête.

Il tire son yatagan.

BAJAZET.

Oh! non, j'en ai qu'une et j'y tiens tant,

AMURAT.

Ecris. (Dictant.) Et toi, Atalide?

ATALIDE, de la barque qui retraverse le théâtre au fond.

Je suis bien sage! (Elle se cache derrière la voile)

AMURAT, au public.

On en a vu qui reproduisait l'écriture! mais les voix, jamais de la vie, (dictant.) Et toi, Roxane?..

ROXANE, même jeu qu'Atalide.

Porte bien... grosse et grasse!

AMURAT.

Hein!.. (Dictant.) Tu m'aimes toujours?

ROXANE

Comme une petite folle!..

AMURAT, dictant.

A bientôt, rose des vents!..

ROXANE

A bientôt, pétrole de l'Orient!..

La barque s'éloigne.

AMURAT.

Oh! je n'y tiens plus, il faut que je livre l'assaut aujourd'hui... pour retourner auprès de Roxane...

BAJAZET, à part.

L'assaut!... tu n'y es pas encore.

AMURAT.

Appelle mes généraux... mais qu'est-ce qu'ils ont fait de ma barbe!..

TOUS, de la coulisse.

Mahomet! ah! Mahomet!

AMURAT.

Tiens, par extraordinaire et pour cette fois seulement, les voici d'eux-mêmes.

SCÈNE III

Les Mêmes, BOXPHORE, PORUS, NINIAS, NEMROD.

Ils portent tous un lapin en sautoir. Ils entrent en levant les bras au ciel.

TOUS.

Ah ! Mahomet... par Mahomet !..

AMURAT.

Qu'avez-vous, général Boxphore ?

BOXPHORE.

Padischah, voici le jour.

AMURAT.

Je le vois bien !

TOUS.

Et la prière au soleil ?

AMURAT.

Eh bien !... quoi, la prière au soleil ?.. faisons-la... sonnez l'armée !

BOXPHORE.

C'est que... padischah... Elle n'est pas...

AMURAT.

Elle n'est pas quoi ?

BOXPHORE.

Présentable.

AMURAT.

Qui ?

TOUS.

L'armée !..

AMURAT.

Mon armée ?

BOXPHORE.

Sublime étoile... hier nous avons fait... une petite répétition de l'assaut que nous devons livrer aujourd'hui. C'est vous qui commandiez !.. Quand vous commandez... Ah ! que vous commandez bien !

AMURAT.

Je le sais... ensuite.

BOXPHORE.

Vous avez dit : par file à gauche.

AMURAT.

Je l'ai dit ! je m'en souviens...

BOXPHORE.

A gauche... il y avait (Tombant à genoux) un marais !

AMURAT.

Un marais ?..

BOXPHORE.

L'armée a obéi... et...

AMURAT.

Et ?

BOXPHORE.

Ils sont tous tombés dedans !..

AMURAT.

Mais, ma parole d'honneur, c'est à s'arracher son turban !.. J'ai dit par file à gauche... comme j'aurais pu dire par file à droite, ça n'a pas d'importance. Je dis par file à gauche, vous voyez qu'il y a un marais et vous allez à gauche... vous n'entendez rien au commandement. Général!.. vous rendrez vos lapins !

BOXPHORE.

A qui,

AMURAT.

A la cuisine! Allah ! qui me ren[illegible] ma formidable armée? Zéphir, cavalerie au carnage animé ! où sont-ils?

BOXPHORE.

Les voici... padischah ! Ils remontent la courtine !..

Entrent les soldats. Ils ont leurs pantalons dans un état piteux et ressemblent à des Turcs de carnaval.

AMURAT.

Sapristi ! ils ont plutôt l'air de descendre de la Courtille !. n'importe ! rien ne doit les empêcher de faire la prière au soleil ! Soldats ! à plat-ventre !.. Et le front dans la poussière

Tout le monde se prosterne.

PRIÈRE AU SOLEIL.

CHŒUR.

O soleil, astre lumineux!
Toi qui mets vingt-cinq jours à tourner sur ton axe.
Toi qui par notre esprit se serre ou se relâche.
Salut, ô soleil radieux!

SOLO.

BAJAZET.

Père de la nature,
Adoré d'Epicure
Les anciens de ton feu
Avaient su faire un dieu!

BOXPHORE.

Pour nous couvrir de gloire,
Pour gagner la victoire,
Fais plus activement
Circuler notre sang.

BAJAZET.

Et ce fait accompli
Retourne dans ton lit
Et va t'coucher.

CHŒUR.

Oui
Va t'coucher!

AMURAT, *aux soldats qui se sont relevés.*

Soldats, j'avais dit le front dans la poussière.

Reprise du chœur.

AMURAT.

C'est bien! après ce vœu auquel je m'associe de toutes mes forces, allez... vous laver!... Général Boxphore, que chaque soldat retire sa culotte... et la fasse sécher... vous commanderez la manœuvre! (*Boxphore furieux balbutie*) — Qu'est-ce qu'il dit.

Boxphore entre à gauche avec les soldats.

AMURAT, *aux généraux.*

Et nous, messieurs, au conseil!

PORUS.

Ah ! si j'étais général en chef, comme ça marcherait !

NINIAS.

Et moi !

NEMROD.

Et moi donc !..

AMURAT.

Mon Dieu ! ayez donc un peu de patience... le siége n'est pas fini... Un de ces jours, Bosphore y passera... (A Porus.) Après lui ce sera vous... vous y passerez.. ce sera Ninias, il y passera... et ainsi de suite... Et il y en aura pour tout le monde.

LES TROIS GÉNÉRAUX.

Ah ! padischa !.. tant de bonté !...

AMURAT.

Entrons, messieurs, entrons au conseil.

BAJAZET.

Attends, je vais t'en donner du conseil... vite le signal convenu.

Il frappe sur une cloche placée dans la coulisse, au même moment, on entend un son de trompette au dehors.

SCÈNE IV

BAJAZET, AMURAT, LES GÉNÉRAUX, puis ABABOUM, en Géorgienne, ACOMAT, YAYA, Dans l'éléphant. — Cortége de femmes.

AMURAT très-effrayé.

Qu'est-ce que c'est que ça ? (Aux généraux.) Messieurs, mettez-vous devant moi. . .

PORUS.

C'est un parlementaire !

Le pont-levis s'est abaissé, un parlementaire babylonien a paru, une branche d'olivier à la main. Il est suivi d'un cortége de femmes persanes et d'un éléphant bleu-de-ciel. Dans les flancs sont cachés Yaya et Acomat, et sur son dos est assis Ababoum, le visage voilé et costumé en esclave géorgienne. — Marche du premier acte, entrée d'Amurat.

CHŒUR.

Amurat, nous t'offrons ces présents
Oui ces présents étincelants,
Reçois donc ces cadeaux, ces cadeaux et cet or,
Avec les vœux de Ben-Azor.
Ben-Azor, le roi de Babylone.
A l'espoir, qu'en r'tour de ces bienfaits,
Tu voudras lui laisser sa couronne.
Lui laisser sa couronne et la paix.

L'éléphant est arrivé devant le public, de profil, sous la queue et sous la trompe s'ouvrent alors deux petites fenêtres; à l'une, apparaît Yaya, à l'autre, Acomat.

ABABOUM, YAYA, ACOMAT, ensemble.

C'était le seul moyen de nous introduire dans le camp! nous avons trouvé cela à *trois*, c'est l'éléphant de Troie.

Les fenêtres se referment.

ABABOUM, du haut de son éléphant

C'est la paix que vient t'offrir Ben-Azor XXIV, roi de Babylone, et selon l'usage, voici les présents qu'il te supplie d'accepter, ainsi que cet éléphant bleu de ciel, mon frère de lait.

AMURAT.

Qui es-tu, toi qui me parle en son nom?

ABABOUM.

Connais-tu la belle Géorgienne?

AMURAT.

La belle Géorgienne?

ABABOUM.

Cette esclave grecque qui a fait tourner toutes les têtes couronnées de l'Europe...

AMURAT.

Non.

ABABOUM.

Heureux mortel... tu vas la voir... Ben-Azor XXIV la chérissait comme la perle la plus précieuse de son écrin. Eh bien!... il s'en sépare. La voici, c'est moi que je suis la jeune personne dont on vous a parlé à la Porte.

Il descend de son siége et ôte son voile.

AMURAT.

Qu'elle est belle!... Hé! hé! après quinze jours de siége, c'est une attention. Approchez, belle enfant!

ABABOUM, à part.

Je vas t'en fourrer des belles enfants!

AMURAT.

Elle me paraît un peu grande...

PORUS.

Oui, mais mademoiselle est si bien faite!

ABABOUM.

Oh! pour ce qui est de ça, monsieur, on peut toucher... pas plus haut que la jarretière, le reste est en papier peint... Je suis un modèle... j'ai posé dans bien des groupes... et, vous voyez, pas une tache d'encre!...

AMURAT.

Le fait est qu'elle a des yeux...

ABABOUM.

Et du talent! je chante... je danse...

AMURAT

Elle chante et elle danse!... Porus, va me chercher le mouchoir! Chantez-nous quelque chose en attendant... oh! dis-nous l'histoire de ta vie!

Porus sort.

ABABOUM.

I

Je suis la belle Géorgienne!
Mon père était un Hollandais;
Ma mère était une Alsacienne!
Et j' suis née au port de Calais;
Mais on m'a trouvée ru' Vivienne,
Et c'est à caus' de mon profil.
Que j' fus inscrit comm'Géorgienne
Sur les act's de l'Etat civil.
Tzim-la-ï-la! etc.

A la fin du couplet, Acomat et Yaya sortent de l'éléphant; l'accompagnent sur ce refrain, dansent avec lui, puis rentrent dans l'éléphant.

II.

Par les hasards de ma fortune
J'ai parcouru tous les pays,
J'ai vu les montagnes de la lune
Et j' connais tout' les ru' d' Paris!

Je suis un' vrai' géographie.
Mais un' chos' drôle à constater,
C'est qu'il n'y a qu' la Géorgie
Que j' n'ai jamais pu visiter !
T'zim-la-ï-la ! etc.

Même jeu.

AMURAT.

Oh! c'est merveilleux !.. c'est... Eh bien! et ce mouchoir ?..

Porus rentre.

PORUS.

Il est à la blanchisseuse.

AMURAT.

Oh! que c'est contrariant !.. En attendant le jour de la blanchisseuse, veux-tu me permettre un baiser?

ABABOUM.

Non...

AMURAT.

Un seul baiser... comment le refuser ?..

ABABOUM.

Non...

AMURAT.

Si...

ABABOUM.

Non... tu vas finir !

Ababoum pressé par Amurat lui donne une giffle. Amurat veut la lui rendre, la coiffure d'Ababoum tombe. Amurat reconnaît Ababoum.

AMURAT, le reconnaissant.

Ababoum !.. trahison !..

Yaya et Acomat sortent de l'éléphant et viennent se mettre devant Ababoum.

ABABOUM.

Ne fait pas le malin, ou je te tombe !

BAJAZET, entrant.

Touchez pas !

Il ôte sa barbe.

AMURAT.

Bajazet !.. trahison ! à moi, mes fidèles soldats !.. à l'assaut !

Tous les soldats turcs paraissent aux fenêtres.

LES SOLDATS.

Impossible !.. nous n'avons pas de culottes !..

BOXPHORE, *sortant effaré de l'auberge.*

Sublime gaz !.. nous sommes trahis... on a volé les culottes de notre formidable armée !

BAJAZET.

Parbleu ! elles sèchent dans la rivière.

AMURAT.

Qu'ils viennent tels qu'ils sont !

ABABOUM.

Il y a des dames !

AMURAT, *à Porus et aux autres généraux.*

Mettez-vous devant moi ! et mourez jusqu'au dernier avant qu'on ne touche à un cheveu de ma tête !

BOXPHORE, *aux soldats.*

A moi, soldats !.: à l'a... à l'a...

AMURAT.

Qu'est-ce qu'il fait ?.. il va recommencer la prière au soleil !..

BOXPHORE.

... Saut ! à l'assaut !

Tous les soldats paraissent en caleçons. Au moment où ils se rangent, Bajazet a fait un signe.

BAJAZET.

A moi, mon sérail !

La trompe de l'éléphant se soulève, et toutes les femmes du harem armées sortent de l'éléphant et désarment les Turcs, tandis qu'un pan de mur de Babylone s'écroule et laisse voir Roxane en riche costume de princesse babylonienne ; elle est escortée d'Atalide.

SÉLIKA.

Victoire !

ABABOUM.

Ah ! quelle horrible chose que la guerre !

TOUS.

Victoire ! vive Roxane !

AMURAT.

Je disais aussi : Elle manque à la fête !.. *(Apercevant Atalide.)* Tu quoque, ma nièce !.. et ma famille aussi !...

ROXANE.

Oui, Roxane, princesse de Babylone, que tes émissaires avaient volée tout enfant à son papa Ben-Azor ! Roxane, qui te tient en son pouvoir.

BAJAZET.

Ne craignez rien, grande illumination ! vous vivrez !

AMURAT.

Vrai ?

BAJAZET.

Oui, je vous ai trouvé une bonne place.

AMURAT.

A moi ?

BAJAZET.

Dans notre jardin d'acclimatation.

ABABOUM.

Section des singes.

AMURAT.

J'en suis sorti... j'y rentrerai.

BOXPHORE.

Je vous y suivrai, padischah.

ROXANE.

Et désormais, plus de guerre... Voici ma main, Bajazet. Yaya, voici celle d'Atalide.

ATALIDE.

Mais je ne sais si je dois...

YAYA.

Oh ! princesse, j'en suis toujours digne...

ROXANE.

Et que la paix soit faite entre Babylone et Byzance ?

ABABOUM.

Oui, mais comme l'histoire de Turquie est faussée.

COUPLET FINAL.

Messieurs, la chose est notoire,
Nous avons sensiblement
Changé les faits de l'histoire
Dans ce petit dénoûment.
Mais une pièce à musique
Ne pouvait pas finir mal,
Et si c'est moins historique,
Ça nous paraît plus moral.

FIN

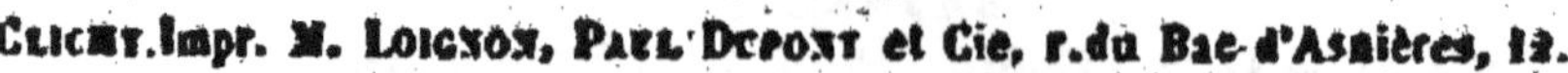

Clichy. Impr. M. Loignon, Paul Dupont et Cie, r. du Bac-d'Asnières, 12.

www.ingramcontent.com/pod-product-compliance
Lightning Source LLC
LaVergne TN
LVHW010035230826
846091LV00005B/1705
9782019210250